DIE REISE NACH GERMANIEN

Markus Zimmermeier

Latein leicht lesen

DIE REISE NACH GERMANIEN

Ein Abenteuer des jungen Caesar

Ernst Klett Sprachen
Stuttgart

1. Auflage 1 5 4 3 2 1 | 2013 12 11 10 09

www.klett.de
www.lektueren.com

Autor: Markus Zimmermeier

Redaktion: Dr. Bettina Kratz-Ritter, Göttingen
Projektleitung: Bettina Höfels
Layoutkonzeption: Elmar Feuerbach
Illustrationen: Susanne Bochem, Mainz
Gestaltung und Satz: Swabianmedia, Stuttgart
Umschlaggestaltung: Elmar Feuerbach
Titelbild: Susanne Bochem, Mainz
Druck und Bindung: AZ Druck und Datentechnik GmbH, Kempten/Allgäu

Printed in Germany
ISBN-13 : 978-3-12-667001-2

9 783126 670012

Inhalt

Anhang

Die Reise nach Germanien

Wir befinden uns im Jahr 87 v. Chr.; Gaius Iulius Caesar hat zum 13. Geburtstag von seinem Onkel die germanische Sklavin Sigrun geschenkt bekommen.
Als er einen schweren epileptischen Anfall erleidet, kann Sigrun mit ihren Heilkünsten helfen. Gaius ist ihr so dankbar, dass er verspricht, sie und ihren Bruder Ludger nach Germanien zurückzubringen. Aber die Reise wird abenteuerlicher als gedacht …

DAS BESTE HEER DER WELT!

„Visne iter facere in Germaniam?", Gaius Iulius Caesar[1] filium interrogat. „Minime eo iter facies! Periculum nimium est."
„Sed Gaius Marius patruus comes meus in Germania erit."
„Gaius Marius? Nonne in Cercena insula est?"
„Se in Germaniam iturum esse scripsit. Itaque non iam in Cercena, sed in Germania erit, cum eo pervenerim[2]." „Quod res ita sunt, tibi licebit."
Nonnullis diebus post Gaius Iulius Caesar cum Ludgerio et sorore Sigruna in castris Romanis prope fines Germaniae est.
„Quam pulcher est exercitus!", Gaius clamat. „Vires Romanae optimae totius mundi sunt. Ecce pedites, ecce equites nostri!"

1 hier spricht natürlich Gaius' Vater – 2 **cum eo pervenerim** wenn ich dorthin gekommen bin *(Futur II)*

„Exercitus Romanus bonus est", Ludgerius dicit, „sed copiae Germanae meliores sunt, nam miles Germanus fortissimus omnium militum est."
„Sed patruus meus cum legionibus suis Germanos vicit."
„Quamquam vos Romani nos Germanos vicistis, nos et nostrum furorem Teutonicum adhuc timetis."
„Gaius Iulius Caesar neminem metuit."
„Ita est, quod numquam contra virum Germanum pugnavisti."
„Contra te pugnabo, si …"
„Gaii, epistulam, quam patruus tuus tibi misit, hic habeo," Sigruna Gaium interrumpit et Gaio epistulam dat.

VISIONEN UND WARNUNGEN

Statim Gaius legere incipit.
„Salutem tibi nepoti caro dico![1]
Iter facere ad fines Germanos, ubi me expectas, non possum,
nam Romam redire debeo. Cinna amicus meus me secum Romam capere cupit. Quoniam verus Romanus sum, qui omnia pro salute rei publicae facit, preces eius repudiare non potui. Cinna multas copias in potestate habet, equidem certus sum Romam mox iterum urbem liberam futuram esse, ubi iustitia et salus omnium civium Romanorum restitutae[2] sunt…"

1 **salutem dicere** + *Dat.* jmd. grüßen (Anrede im Brief) – 2 **restitutus, a, um** wiederhergestellt

Gaius secum cogitat: „Bene agis, patrue, si Sullam[3] tyrannum vincis et Roma repellis. Spero copias vestras satis magnas esse. Nam qui hodie imperium maximi numeri militum habet, imperium civium habet."

Iam in somniis se imperatorem in triumpho videt. Denique epistulam deponit, quamquam haec verba epistuale nondum legit: „Cum fines Germanos intras, prudentissimus es! Et numquam sine magno numero militum es! Et cave insidias Germanorum! Vale!"

3 **Sulla** Gegner des Marius im römischen Bürgerkrieg (88 – 82 v. Chr.)

IN GERMANIEN

„Quid patruus tuus scripsit?", Sigruna Gaium interrogat. „Se non venire scripsit," Gaius respondet. „Ergo finem non transibimus?" „Iter faciemus. Patruo nobis non opus est." „Sed auxilio opus est." „Si cum Gaio Iulio Caesare es, nihil mali tibi accidere potest. Fortuna[1] audentes[2] adiuvat."
Paulo post Gaius cum Ludgerio et Sigruna per silvam Germanam curru vehitur[3]. Cum via angustior[4] est, pedibus ire incipiunt.
Subito Gaius aliquid audit. Aliquis ramum fregit. Gaius in omnes partes spectat, sed nihil videre potest. Tum iterum id audit. Venit ab arbore,

1 **Fortuna, -ae** *f.* Fortuna, Glücksgöttin – 2 **audentes** die Wagemutigen – 3 **curru vehitur** er fährt – 4 **angustior** enger; allzu eng

quae non procul est. Sed Gaius neminem videt. Tum Sigruna sursum spectat et clamat: „Ecce Druida!“ Druida de arbore descendit.
„Quid in arbore fecisti?“, Gaius Druidam interrogat. „Herbas quaesivi“, Druida respondet. „Videte! Hae herbae remedia optima sunt.“
„Da mihi!“, Gaius statim iubet, sed Sigruna eum monet.
„Cave impudentiam! Fortasse hic Druida nos ad parentes nostros ducere potest.“ „Quis parentes vestri sunt?“, Druida quaerit.

Sigruna ei de parentibus narrat. Profecto Druida, qui parentes novit, tres liberos ad eos ducit.

(UN-)GLÜCKLICHE HEIMKEHR

„Salvete, parentes!", Sigruna et Ludgerius dicunt. Parentes valde gaudent, nam tandem liberi rursus apud eos sunt.
„Quis ille adulescens est?", mater interrogat.
„Ego Gaius Iulius Caesar sum. Nepos Gaii Marii imperatoris magni sum."
„Marius? Milites Gaii Marii fratrem meum interfecerunt!", pater clamat.
„Nunc tandem necem fratris mei punire possumus. Occasionem praetermittere[1] non debemus."
„Sed Gaius nos adiuvit. Amicus, non hostis est", Sigruna dicit.
Sed pater filiam non audit. Odium in Romanos aures suas claudit. Clades contra Romanos animum suum nimis onerat.

1 **occasionem praetermittere** eine Gelegenheit verstreichen lassen

Itaque pater iubet: „Vincite adulescentem Romanum et obsidem novum bene custodite!"

„Tempus est proelia, tempus est caedem finire!", Sigruna clamat, sed nemo puellam audit.

Eadem nocte Sigruna et Ludgerius clam e cubiculo exeunt et prudenter ad Gaium properant. Dum custodes dormiunt, Sigruna vincula solvit et captivum liberat.

„Cur me liberavistis?", Gaius rogat. „Parentes vestri valde irati erunt."

„Scio, sed manus manum lavat[2], ut Germani dicunt," Sigruna respondet.

2 **lavare** waschen

GETRENNTE WEGE

„Quomodo finem Romanum inveniam?", Gaius rogat. „Silvam Germanam non novi. Itaque in ea errabo."

„Nos comites tui erimus", Ludgerius respondet. „Paulo ante finem te relinquemus." – „Gratias vobis ago", Gaius dicit.

Multis horis post Gaius Ludgerium et Sigrunam laudat: „Germani, sed non barbari estis."

„Romanus, sed non interfector es", Ludgerius respondet.

„Nos autem et Romani et interfectores sumus", clamat miles legionarius, qui cum aliis militibus Romanis appropinquaverat.

„Et Germanos, qui nobis resistunt, statim interficiemus. Ergo nobis parete et cum nobis ad castra Romana venite!"
Milites verba sua pilis et ferris confirmant. Ludgerius et Sigruna perterriti sunt. Sed Gaius consilium capit[1]: Dum animos militum in se convertit[2], Ludgerius et Sigruna fugere possunt. Ergo impetum morbi simulat. Dum milites perterriti ad Gaium currunt, Ludgerius et Sigruna fugiunt.
Postquam frater et soror effugerunt, Sigruna ad Ludgerium dicit: „Tu ad parentes curre et ibi mane! Ego autem ad Gaium redibo. Dic parentibus me eos amare! Vale, frater!"

1 **consilium capere** einen Entschluss fassen – 2 **animum** *(+Gen.)* **in se convertere** die Aufmerksamkeit auf sich lenken

IN DER VILLA RUSTICA

Caesar und Sigrun erholen sich auf dem Landgut der Eltern. Ob nun alles gut wird?

„Cur ad me redisti, Sigruna?", Gaius quaerit, dum puellae Germanae villam rusticam Romanam parentium monstrat. „Certe parentes tui et frater tuus te valde desiderant."

„Non credo. Olim amor et pax inter Germanos erant. Hodie autem Germani nihil nisi bellum gerere cupiunt, nam nulla re nisi odio et invidia et avaritia commoventur. Insidiae ibi cottidie accidunt.

Tu autem me docuisti amicitiam et fidem nondum perditas[1] esse. Hic pacem sentio. Non solum quies camporum et agrorum, sed etiam sonus pecoris[2] et equorum mihi valde placet. Ubi bene, ibi patria."

1 **perditus, -a, -um** verloren – 2 **pecus, pecoris** *n.* Vieh

„Et frumentum Romanum amabis, nam optimum est. Proba hunc panem!"
Sigruna edit et panem laudat.
Subito Gaius dicit: „Patri meo vilico novo aut vilica nova huius villae opus est. Vilica esse potes, si vis."
„Volo", Sigruna respondet et valde gaudet. Etiam Gaius laetus est, quod ab hoc tempore semper una cum Sigruna esse potest. Iam in somniis se maritum virginis Germanae in villa parentium videt.

BADEN WIE BARBAREN

„Quo hoc flumen fluit?", Sigruna interrogat. „Flumen de hoc colle prope villam in illam silvam fluit", Gaius respondet. „Visne mecum secundum flumen ambulare?" „Natare in flumine volo." „In flumine? Barbari in fluminibus, sed Romani in thermis[1] natant."

Subito Gaius florem pulchrum videt. Florem trahit, sed flos non se movet. Tum omnibus viribus trahit. Tandem florem in manibus habet, sed aequilibrium[2] amittit et in Sigrunam cadit.

Dum in Sigruna iacet, Gaius dicit: „Teneo te[3], Sigruna. Proverbium enim dicit: Tene, quod bene."

1 **thermae, -arum** *f.pl.* Thermen, Badeanlagen – 2 **aequilibrium** Gleichgewicht – 3 „Africa, ich halte dich!", sprach Caesar, als er 49 v. Chr. Hadrumetum (heute in Tunesien) betrat und hinfiel.

„Non proverbia, sed actiones dicere debent", Sigruna respondet. „Tandem osculum mihi da!"

Tum Gaius os suum cum ore virginis coniungit.

„Novus intrat amor. Meus molliculus caseus es!"[4], Sigruna dicit, dum sub Gaio iacet et oculos eius spectat.

„Id scivi", Gaius gaudet. „Nam filius Veneris sum et mater filium non neglegit. Praeterea optimus patronus sum."

„Superbus es, Gai. Tamen te amo."

„In vitio decor est." „Etiamne in me decor est?", Sigruna timida quaerit.

„Maximus."

4 „Du bist mein Kuschelkäschen!"

ROMANTIK AM FLUSS

„Ratis es, quae me in flumine fero vitae ducit, Gai." „Ratis?", Gaius interrogat. „Navis longa[1], quae in onmibus maribus mundi regnat, esse malo." „Sed ratis multo dulcior est", Sigruna dicit.
„Et multo incertior est. Certe ratem non regere potes."
„Persuadere tibi non possum, quoniam ratis non adest."
„Scio, ubi ratem invenire possumus. Veni mecum!"
Paulo post ratem ascendunt: „Hic Rhodos, hic salta!"[2], Gaius iubet.
„Nunc ostende te ratem navigare posse! Accipe remum!"
Sigruna remum accipit et cum Gaio ripam relinquit.

1 **navis longa** Kriegsschiff – 2 „Hier ist Rhodos, hier spring!" (Aufforderung, seinen Worten entsprechende Taten folgen zu lassen)

Subito ratis vehementer saxum tangit et Sigruna in flumen cadit. Sigruna, quae nunc in aqua est, celeriter manum, quam Gaius virgini a rate tendit, capit. Tandem Gaius eam in ratem trahit.
„Quod erat demonstrandum"[3], Gaius secum cogitat.
Tum rursus ripam petunt, ubi ratem relinquunt.
„Tecum in silvam ibo et ignem faciam, cuius flamma te calefaciet et siccabit," Gaius dicit.
Multas horas apud ignem sedent et narrant. Non sentiunt noctem iam appropinquavisse. Sed nox non sola hospes est – etiam adsunt lupi, qui fame laborant.

3 „Was zu beweisen war." (Abkürzung: q.e.d.; wird auch heute noch verwendet, um anzuzeigen, dass ein Beweis abgeschlossen ist)

DIE BÖSEN WÖLFE

Sigrun und Caesar versuchen verzweifelt zu entkommen. Aber würden Wölfe einem Römer wirklich etwas zuleide tun?

„Ecce lupi!", Sigruna perterrita clamat.

„Es sine timore, Sigruna!", Gaius dicit. „Ego enim tibi adsum. Praeterea lupi amici Romanorum sunt, nam lupa olim Romulum et Remum[1] aluit, qui Romam condiderunt." „Sed hi lupi liberos suos corporibus nostris alere cupiunt."

Tum Gaius ramum, qui ardet, ex igne capit et cum eo lupos petit.

„Vide lupos fugere! Me Gaium Iulium Caesarem timent."

Subito pluere incipit. „Cur mihi nunc imbrem mittis, Iuppiter? Nunc mihi ingratissimus[2] est!", Gaius iratus clamat.

1 Romulus und Remus; siehe S. 28 – 2 **ingratissimus** höchst unwillkommen

Et Iuppiter respondet: „Fatum tuum non est te eum esse, qui cum lupo saltat."[3]

Tum Gaius videt lupos cedere desinere. „Manete ibi, bestiae!", Gaius lupis iubet. Lupi autem Gaio non parent, sed appropinquare non dubitant.

Tum Gaius cum face, quae nunc omnino exstincta est, ad ignem currit.

Ibi maximum ramum ex igne capit et ad Sigrunam dicit:

„Mecum veni! Celeriter ad flumen currere debemus, nam in flumine sine periculo erimus. Tum in rate ad villam navigabimus."

Deinde liberi ad ripam fluminis properant, dum lupos non procul fremere audiunt.

3 „Der mit dem Wolf tanzt" (Titel eines bekannten Films)

ENDE GUT, ALLES GUT

Noch einmal sind Sigruns Heilkräfte gefragt. Wird es das letzte Mal sein?

„Ibi ripa est!", Sigruna clamat.
„Video", Gaius respondet. „Et ibi ratis est! Paulo remota a ripa est. Saltare debemus!"
Sigruna et Gaius saltant et tandem ad ratem perveniunt. Paulo post a rate lupos iratos, qui in ripa stant et frustra fremunt, spectant et gaudent. Nunc tuti sunt.
„Neque homo neque bestia Gaium Iulium Caesarem capit", Gaius iterum se ipsum laudat. Subito impetus morbi eum tangit et in aquam mittit. Mors ei imminet. Sed Sigruna fortis Gaium celeriter ex aqua trahit. Gaius fatigatus in rate iacet.

Denique virgo eum domum navigat. Cum pater Gaii audit Sigrunam vitam filii servavisse, virginem vilicam suam facit.
Sed postquam Gaius nonnullos dies laetos cum Sigruna egit, Gaius cogitare incipit:
„Mihi non placet virginem Germanam me servavisse, quod ea nihil nisi serva parva est, ego autem vir Romanus magnus sum."
Sic superbia Gaii denique amicitiam delevit.
Gens Iulia[1] traditionem huius fabulae prohibuit.

1 **gens Iulia** das Geschlecht der Julier, dem Cäsar entstammte

WISSENSWERTES

DAS RÖMISCHE HEER

Bis ins 2. Jh. v. Chr. bestand das römische Heer bloß aus einer einfachen Bürgermiliz. Darunter versteht man eine Gruppe von Bürgern, die sich im Kriegsfall zu den Waffen begeben. Ein stehendes Heer gab es also nicht. Dass dies nicht so bleiben konnte, wurde den Römern

spätestens nach den Niederlagen gegen die Kimbern und Teutonen Ende des 2. Jh. v. Chr. bewusst. So kam es im Jahre 104 v. Chr. zur marianischen Reform. Sie ist benannt nach Gaius Marius, dem Onkel von Cäsar aus unserer Geschichte. Marius änderte die Organisation und Ausrüstung der Legion so sehr, dass man von da an einen Legionär auch als „mulus Marianus" (Maultier des Marius) bezeichnete. Das römische Heer war nicht nur wegen seiner guten Ausrüstung so erfolgreich, sondern auch wegen der strengen Ausbildung und Disziplin im Gefecht. Männern aus den unteren Schichten bot das römische Heer eine berufliche Chance; nach 16 Jahren Militärdienst bekamen sie als Veteranen ein Stück Land zugeteilt. Dies hatte allein der Heerführer zu entscheiden, weswegen die Soldaten ihm treu ergeben waren, manchmal mehr als dem Staat.

Eine Legion war folgendermaßen gegliedert:
1 Legion = 10 Kohorten = 3600 – 6000 Mann
1 Kohorte = 3 Manipel = 360 – 600 Mann
1 Manipel = 2 Zenturien = 120 – 200 Mann
1 Zenturie = ca. 80 Mann

Bei den Legionären handelt es sich um Fußsoldaten, doch wurden jeder Legion 300 Reiter zugeteilt.
Neben den Legionstruppen gab es auch noch Hilfstruppen (Auxiliareinheiten), Truppen von nichtrömischen Männern.

REISEN IM RÖMISCHEN REICH

Caesar, Sigrun und Ludger legen ganz schön weite Strecken auf dem Weg nach Germanien zurück. Dabei reisen sie mit einem Reisewagen, der von zwei Pferden gezogen wird. Da sie geheim unterwegs sind, vermeiden sie es, mit einem Mietwagen zu fahren, auf dem bis zu sechs Reisende mitfahren konnten.
Von Rom führten gleich mehrere Fernstraßen nach Norden. So konnten Caesar und seine Freunde ihre Reise über die Via Aurelia, Salaria oder Flaminia antreten. Die heute sprichwörtliche Aussage "Alle Wege führen nach Rom" bezieht sich auf die sternförmige Anordnung der Fernstraßen in Richtung Rom.

DIE GERMANEN

Im 1. Jh. v. Chr. lebten die Germanen auf einzelnen Gehöften oder in winzigen Siedlungen von weniger als 200 Menschen. Dörfer oder gar stadtähnliche Ansammlungen mit mehreren hundert bis über tausend Einwohnern gab es also nicht.

Die Siedlungen konnten verschiedenen Stämmen zugeordnet werden, die als Siedlungsgemeinschaften über bestimmte Siedlungsgebiete verfügten. Der Stamm besaß eine einheitliche politische Führung und stellte eine Rechtegemeinschaft dar. Ebenso gab es natürlich eine gemeinsame Sprache, religiöse Riten und ein Identitätsbewusstsein. Daneben unterschieden sich die Stämme dadurch, dass sie jeweils eigene Kultorte hatten.

Das Volk eines Stammes gliederte sich in Freie, Halbfreie (Knechte) und Rechtlose (Sklaven, Kriegsgefangene). Die Freien konnten an Volksversammlungen (Thing) teilnehmen, wo wichtige Entscheidungen besprochen und getroffen wurden. Dazu gehörte die Wahl des Königs. Der erste uns bekannte germanische König ist Ariovist, den Caesar während seines Gallienkrieges bezwang. Da die Germanen aber als Halbnomaden viel umherzogen, kam ein stabiles Königtum nicht zustande. Länger behaupten konnten sich gewisse Adelsschichten, die auf Gefolgschaft beruhten.

Während Könige und Adlige das Kommando über die verschiedenen Stämme hatten, unterstanden alle Mitglieder einer Familie oder Hausgemeinschaft dem Hausherrn (Patriarch).

Bevor die Germanen Kontakt mit den Römern hatten, kannten sie weder Schrift noch Geld. Ihr Zahlungsmittel war in erster Linie Vieh. Das früheste datierbare germanische Alphabet, die Runenschrift, geht in das 2. Jh. n. Chr. zurück.

DRUIDEN

Druiden tauchen in der antiken Literatur in unterschiedlichen Formen und Funktionen auf. So sind sie mal Priester, mal Philosophen, mal politische Ratgeber, mal Ärzte und mal Magier.

Dank den beliebten Asterix-Comics, in denen uns ein Druide namens Miraculix begegnet, verbinden wir mit einem Druiden einen weiß gekleideten alten Mann, der immer eine Sichel bei sich trägt und einen Zaubertrank braut. Um an die wichtigste Zutat für diesen Trank, die Mistel, zu gelangen, muss ein Druide oft sogar auf Bäume steigen. Die große Bedeutung dieser Pflanze für den Druiden wird auch im umgangssprachlichen Namen der Mistel deutlich: Druidenfuß.

DIE RÖMISCHEN THERMEN

Thermen sind die Badehäuser im antiken Rom. Schon im 2. Jh. v. Chr. waren sie öffentlich. Im 1. Jh. n. Chr. wurden sie sogar zum festen Bestandteil des Tagesablaufs eines jeden römischen Bürgers, der die Therme aber nicht nur zum Baden besuchte, sondern auch um sich mit anderen Bürgern auszutauschen, sich die Zeit (oft mehrere Stunden am Nachmittag bis in den Abend) zu vertreiben oder einfach zu relaxen. In Thermen wurde „Wellness" großgeschrieben, falls man diesen Begriff damals schon gekannt hätte. Aber nicht nur Massagen und Schönheitspflege ergänzten das reichhaltige Angebot einer römischen Therme, sondern auch Bibliotheken, Wandelgänge und Sportanlagen (**palaestrae**).

Am berühmtesten sind die Caracalla-Thermen, die aufgrund ihrer enormen Größe und ihren edlen Marmorplatten schon beinahe einem Palast ähnelten und bis heute recht gut erhalten sind.

Für die in Thermen übliche Geschlechtertrennung sorgten sowohl getrennte Baderäume als auch unterschiedliche Badezeiten für Männer und Frauen. Während römische Männer nackt badeten, gab es für römische Frauen eine Art Bikini. Ihre Kleidung legten die Römer in abschließbare Nischen des **apodyteriums** (Umkleideraum) ab oder gaben sie ihren Sklaven zur Aufbewahrung.

Der erste Baderaum, den man betrat, war das **caldarium** (Heißbaderaum). Dieser Raum wurde durch Boden- und Wandheizungen (den so genannten **hypokausten**) auf bis zu 50 Grad Celsius erwärmt. Sehr heiß waren auch die Wannenbäder, die sich im **caldarium** befanden.

Um den Übergang zwischen dem heißen **caldarium** und dem kalten und sehr geräumigen **frigidarium** (Kaltbad) zu erleichtern, gab es zwischen diesen beiden Baderäumen das lauwarme **tepidarium**.

In manchen Thermen gab es schließlich noch ein Schwitzbad (**sudatorium**), das noch heißer war als das **caldarium**, weil es zusätzlich zum **hypokaust** noch einen Holzkohleofen hatte.

ROMULUS UND REMUS UND DIE WÖLFIN

Die Römer haben ein ganz besonderes Verhältnis zu Wölfen, nicht nur weil die sagenhaften Gründer von Rom, Romulus und Remus, angeblich von einer Wölfin gesäugt worden sind, nachdem sie als Kleinkinder auf dem Tiber ausgesetzt worden waren. Die Wölfin wurde in Rom unter dem Namen **lupa** (deutsch: Wölfin) auch als Liebesgöttin verehrt.

An die Verbindung zwischen den legendären Stadtgründern und der Wölfin erinnern auch die Luperkalien, ein Fest, das alljährlich am 15. Februar gefeiert wurde. Das Wort geht zurück auf **lupercus** („Wolfsabwehrer"), wie der Herdengott Faunus auch genannt wurde.

Eine Deutung, die die Gründungsgeschichte Roms in ein ganz anderes, weniger strahlendes Licht rückt, basiert auf der Doppeldeutigkeit des Wortes **lupa**. Dies bedeutet nämlich nicht nur Wölfin, sondern auch Prostituierte. Vielleicht haben Romulus und Remus überlebt, weil sie von einer Dirne ernährt wurden?

VILLA RUSTICA

Am besten übersetzt man den Begriff **villa rustica** wohl mit Gutshof oder Landgut.

Die Villa ist das Kernstück des landwirtschaftlichen Betriebs. Der Gutshof besteht aus einem Haupthaus und zahlreichen Nebengebäuden für die Bewohner, die Viehhaltung und die Lagerräume wie Getreidespeicher oder Weinkeller.

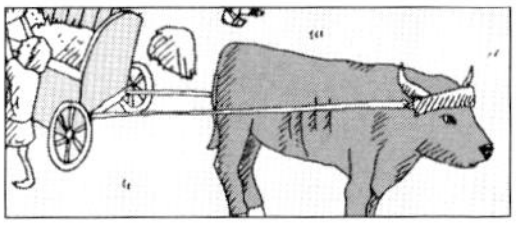

Auf dem Land galten Ochsen und Rinder als wichtigste Arbeitstiere. Wer einen Ochsen schlachtete, konnte dafür gerichtlich bestraft und ins Exil geschickt werden.

Auf jedem Gutshof fand sich eine Mühle. Entweder wurde diese von Hand betrieben oder von Tieren. Wenn das Gut günstig lag, konnte auch eine Wassermühle installiert werden. Üblich wurde dies allerdings erst lange nach Caesars Tod.

RÖMISCHE HOCHZEIT

Die Römer pflegten ein paar interessante Hochzeitsbräuche. Ganz anders als bei uns wäre niemand auf die Idee gekommen im Monat Mai zu heiraten. Auch März oder Juni wurden als Hochzeitstermin vermieden. Denn der Monat März war dem Kriegsgott Mars gewidmet und es gab viele „schwarze Tage" (**dies atri**), an denen die Römer schlimmer Ereignisse gedachten.
Hatte man einen günstigen Hochzeitstermin gefunden, opferte die Braut am Abend vor der Hochzeit ihre Puppen und Spielzeuge, um Abschied von ihrer Kindheit zu nehmen.
Am Hochzeitstag trug die Braut ein weißes Brautkleid mit einem feuerroten Brautschleier und feuerroten Schuhen. Ein wollener Gürtel musste auf bestimmte Weise geknotet werden und sollte die Jungfräulichkeit symbolisch schützen.

Die Hochzeit selber wurde fast wie ein Theaterstück inszeniert. So flüchtete sich die Braut beim Aufbruch von Zuhause in die Arme der Mutter, von wo sie theatralisch entrissen wurde. Auf dem Weg zum Haus des Bräutigams wurde die Braut von drei Ehrenknaben begleitet. Einer von ihnen trug eine Fackel aus Weißdorn als Symbol für die Wichtigkeit des Herdfeuers. Am Haus der Braut warf der Ehrenknabe die Fackel in die Luft. Demjenigen, der sie auffing, sollte sie ein langes Leben verheißen. Schließlich trug nicht der Bräutigam die Braut über die Schwelle, sondern zwei Freunde.

CAESARS EHEN

Caesar und Sigrun aus unserer Geschichte haben in Wirklichkeit nicht geheiratet. Aber schon drei Jahre nach seinem 13. Geburtstag, also im Jahr 84 v. Chr., heiratete Caesar zum ersten Mal. Die Glückliche hieß Cornelia und war eine Tochter des Konsuls Lucius Cornelius Cinna. Diese Verbindung hielt immerhin etwa 15 Jahre – bis zu Cornelias Tod im Jahre 69 oder 68 v. Chr. Caesar nutzte ihre Bestattung für eine Leichenrede auf dem Forum, was eigentlich nur bei älteren Frauen üblich war. Vermutlich wollte Caesar so auf sich als Redner aufmerksam machen.
Danach heiratete Caesar noch mehrere Male, unter anderem Pompeia, eine Enkelin Sullas. Angesichts der Tatsache, dass diese Frau sehr reich war und Caesar ihren Reichtum für seinen politischen Aufstieg nutzte, dürfte bezweifelt werden, dass es sich hier um eine Heirat aus Liebe handelte. Auch seine Ehe mit seiner letzten Gattin Calpurnia, die Caesar im Jahre 59 v. Chr. heiratete, hatte eher politische Gründe, was damals aber durchaus üblich war.

VOKABELSPEICHER

a / ab *(+Abl.)*	von (her)
accidere, -o	passieren, geschehen
accipere, -io	empfangen
actio, -onis *f.*	Handlung, Tat
adesse, adsum	da sein; helfen
adhuc *(Adv.)*	bis jetzt noch
adiuvare, -o, adiuvi	unterstützen, helfen
adulescens, -ntis *m.*	Jüngling, junger Mann
ager, agri *m.*	Acker, Feld
agere, -o, egi	handeln, tun; verbringen
alere, -o, alui	ernähren
aliquid / aliquis	irgendetwas / irgendjemand
alius, -a, -ud	ein(e) andere(r/s)
ambulare	spazieren gehen
amicitia	Freundschaft
amittere, -o	verlieren
amor, -oris *m.*	Liebe
ante *(+Akk.)*	vor
appropinquare	sich nähern
apud *(+Akk)*	bei
arbor, -oris *f.*	Baum
ardere, -eo	brennen
ascendere, -o	hinaufsteigen, besteigen
auris, -is *f.*	Ohr
autem	aber
auxilium	Hilfe
avaritia	Gier
barbarus, -a, -um	fremd; wild
bellum	Krieg
cadere, -o	fallen
caedes, -is *f.*	Blutvergießen
calefacere, -io	wärmen
campus	Feld
capere, -io, cepi	ergreifen, fangen, erobern
captivus, -a, -um	Gefangener
carus, -a, -um	teuer, lieb
castra, -orum *n. pl.*	Lager
cavere, -eo *(+Akk.)*	sich hüten (vor)
cedere, -o	weichen
celeriter *(Adv.)*	schnell
certus, -a, -um	sicher
civis, -is *m.*	Bürger
clades, -is *f.*	Niederlage
clam *(Adv.)*	heimlich
clamare	rufen
claudere, -o, clausi	(ver)schließen
cogitare	denken, überlegen
collis, -is *m.*	Hügel, Anhöhe
comes, comitis	Begleiter
commovere, -eo	berühren, bewegen
condere, -o, condidi	gründen
confirmare	bekräftigen
coniungere, -o	verbinden
contra *(+Akk.)*	gegen
copiae, -arum *f. pl.*	Truppen
corpus, -oris *n.*	Körper
cottidie *(Adv.)*	täglich
credere, -o	glauben
cubiculum	Schlafzimmer
cum	als, wenn
cupere, -io	wünschen, begehren, wollen
cur?	warum?
currere, -o	laufen
custodire	bewachen
custos, custodis	Wache, Wächter
de *(+Abl.)*	von (herab)
decor, -oris *m.*	Schmuck, Zierde
deinde	dann
delere, -eo, delevi	zerstören
denique	schließlich
deponere, -o	ablegen, niederlegen
descendere, -o	herabsteigen
desiderare	vermissen
desinere, -o	aufhören
dies, dies *m.*	Tag
docere, -eo	lehren
domum	nach Hause
dormire	schlafen
dubitare	zögern
ducere, -o, duxi	führen
dulcior, -oris	lieblicher, süßer, angenehmer
dum	während, solange
ecce	siehe, da ist!
edere, -o	essen
effugere, -o, effugi	entkommen
enim	denn, nämlich
eo *(Adv.)*	dorthin
epistula	Brief
eques, -itis *m.*	Reiter
equidem	ich jedenfalls
ergo	also
errare	umherirren, sich irren
etiam	auch, sogar
exire, -eo, -ii	hinausgehen
exspectare	erwarten
exstinctus, -a, -um	erloschen
fabula	Geschichte
fames, -is *f.*	Hunger
fatigatus, -a, -um	erschöpft, müde
fatum	Schicksal
fax, facis *f.*	Fackel
ferrum	Schwert
ferus, -a, -um	wild
fides, -ei *f.*	Treue, Vertrauen
finire	beenden
finis, -is *m.*	Grenze; Pl. Gebiet
flos, floris *m.*	Blume
fluere, -o	fließen
flumen, fluminis *n.*	Fluss
fortasse	vielleicht
fortis, -e	tapfer
fortissimus, -a, -um	der/die/das tapferste
frangere, -o, fregi	(zer)brechen
fremere, -o	knurren

frumentum	Getreide
frustra *(Adv.)*	umsonst, vergeblich
fugere, -io	fliehen
furor, -oris *m.*	Raserei, Toben
gerere, -o (bellum)	(Krieg) führen
gratias agere, -o	danken
herba	Kraut
hic *(Adv.)*	hier
hodie	heute
homo, hominis *m.*	Mensch
hora	Stunde
hospes, hospitis	Gast
hostis, -is *m.*	Feind
iacere, -eo	liegen
iam / non iam	schon / nicht mehr
ibi	dort
idem, eadem, idem	derselbe, dieselbe, dasselbe
ignis, -is *f.*	Feuer
ille, illa, illud	jene(r/s)
imber, imbris *m.*	Regen
imminere, -eo	drohen, bevorstehen
imperator, -oris *m.*	Feldherr
imperium	Befehl, Oberbefehl
impetus, -us *m.*	Anfall, Angriff
impudentia	Frechheit, Unverschämtheit
incertior, -oris	unsicherer
incipere, -io	anfangen
ingratissimus, -a, -um	sehr unwillkommen
insidiae, -arum *f. pl.*	Hinterhalt, Falle
intellegere, -o	verstehen, einsehen
inter *(+Akk.)*	unter, zwischen
interfector, -oris *m.*	Mörder
interficere, -io, -feci	töten
interrogare	fragen
interrumpere, -o	unterbrechen

intrare	betreten, eintreten
invenire, -eo	finden
invidia	Neid
ipse, ipsa, ipsum	selbst
iratus, -a, -um	erzürnt, zornig
ita *(Adv.)*	so
itaque	daher, deshalb
iter facere	reisen
iterum	wieder
iubere, -eo, iussi	befehlen
iustitia	Gerechtigkeit
laborare *(+Abl.)*	leiden
laudare	loben
legere, -o, legi	lesen
legio, -onis *f.*	Legion
legionarius, -a, -um	Legionär
liber, libera, liberum	frei
liberare	befreien
licet	es ist erlaubt
lupus / lupa	Wolf / Wölfin
malle, malo	lieber wollen
manere, -eo	bleiben
manus, -us *f.*	Hand
mare, maris *n.*	Meer
maritus	Ehemann
maximus, -a, -um	der/die/das größte
melior, -oris	besser
metuere, -o	fürchten
meus, -a, -um	mein
miles, militis *m.*	Soldat
minime *(Adv.)*	auf keinen Fall, keineswegs
mittere, -o, misi	schicken
monere, -eo	ermahnen
monstrare	zeigen
morbus	Krankheit
mors, mortis f.	Tod
movere, -eo, movi	bewegen
mox	bald
mundus	Welt
nam	denn
narrare	erzählen
natare	schwimmen
navigare	segeln

neglegere, -o	vernachlässigen
nemo, neminis	niemand
nepos, nepotis *m.*	Neffe
neque … neque …	weder … noch…
nex, necis *f.*	(gewaltsamer) Tod
nihil	nichts
nimis *(Adv.)*	allzu sehr
nimius, -a, -um	allzu groß
nisi	außer (nihil ~ = nur)
nondum	noch nicht
nonne	(etwa) nicht?
nonnulli, -ae, -a	einige
noster, nostra, nostrum	unser
novisse	kennen
nox, noctis *f.*	Nacht
numerus	Anzahl
numquam	niemals, nie
obses, obsidis	Geisel
oculus	Auge
odium *(in + Akk.)*	Hass (gegen)
olim *(Adv.)*	einst
omnino *(Adv.)*	gänzlich
omnis, -e	ganz; alle(s)
onerare	belasten
optimus, -a, -um	der/die/das beste
opus est *(m. Dat. + Abl.)*	(jmd.) ist (etw.) nötig
os, oris *n.*	Mund
osculum	Kuss
ostendere, -o	zeigen
panis, -is *m.*	Brot
parere, -eo	gehorchen
pars, partis *f.*	Richtung, Seite, Teil
parvus, -a, -um	klein
patria	Heimat, Vaterland
patronus	Schutzherr, Patron
patruus	Onkel
paulo	ein wenig
pax, pacis *f.*	Frieden
pedes, -itis *m.*	Fußsoldat
per *(+Akk.)*	durch
periculum	Gefahr

persuadere, -eo *(+Dat.)*	überzeugen
perterritus, -a, -um	sehr erschrocken
pervenire	gelangen
pes, pedis *m.*	Fuß (pedibus = zu Fuß)
petere, -o	aufsuchen; angreifen
pilum	Wurfspieß
placere, -eo	gefallen
pluere, -o	regnen
posse, possum, potui	können
post	nach; später
postquam	nachdem
potestas, -atis *f.*	Macht
praeterea *(Adv.)*	außerdem
preces, -um *f. pl.*	Bitten
pro *(+Abl.)*	für, vor
probare	prüfen
procul	weit entfernt
proelium	Schlacht
profecto *(Adv.)*	in der Tat
prohibere, -eo, -ui	verhindern
prope *(+Akk.)*	bei, in der Nähe von
properare	eilen
proverbium	Sprichwort
prudenter *(Adv.)*	vorsichtig
prudentissimus, -a, -um	sehr vorsichtig
pugnare	kämpfen
pulcher, pulchra, pulchrum	schön
punire	bestrafen
quaerere, -o, quaesivi	suchen, fragen
quam	wie
quamquam	obwohl
quies, quietis *f.*	Ruhe
quo?	wohin?
quod	weil
quomodo?	wie
quoniam	da, weil
ramus	Zweig
ratis, -is *f.*	Floß
redire, -eo, redii	zurückkehren
regere, -o	lenken
regnare	herrschen
relinquere, -o, reliqui	verlassen, zurücklassen
remedium	Heilmittel
remotus, -a, -um	entfernt
repellere, -o	vertreiben
repudiare	zurückweisen
res publica, rei publicae *f.*	Republik, Staat
res, rei *f.*	Sache, Ding
resistere, -o	sich widersetzen
ripa	Ufer
rursus	wieder
saltare	springen, tanzen
salus, salutis *f.*	Wohl; Gruß
saxum	Fels
scire, -io, scivi	wissen
scribere, -o, scripsi	schreiben
secum	mit ihm; bei sich
secundum *(+Akk.)*	entlang
sedere, -eo	sitzen
semper	immer
sentire, -io	fühlen, wahrnehmen, merken
servare	retten
si	wenn, falls
siccare	trocknen
silva	Wald
simulare	simulieren, vortäuschen
sine *(+Abl.)*	ohne
solus, -a, -um	allein, einzig
solvere, -o	lösen
somnium	Traum
sonus	Klang, Geräusch
soror, -oris *f.*	Schwester
statim	sofort
superbia	Hochmut, Stolz
superbus, -a, -um	hochmütig, stolz
sursum *(Adv.)*	nach oben, hinauf
tamen	dennoch, trotzdem
tandem	endlich
tangere, -o	berühren, treffen
tendere, -o	ausstrecken
tenere, -eo, -ui	halten, festhalten
thermae, -arum *f. pl.*	Thermen
timere, -eo, -ui	fürchten
timidus, -a, -um	ängstlich, vorsichtig
timor, -oris *m.*	Angst
totus, -a, -um *(Gen. totius)*	ganz
traditio, -onis *f.*	Überlieferung
trahere, -o	ziehen (an)
transire, -eo, -ii	überschreiten
tres, tria	drei
triumphus	Triumphzug
tutus, -a, -um	sicher
ubi	wo
una (cum)	zusammen (mit)
urbs, urbis *f.*	Stadt
ut	wie
valde *(Adv.)*	sehr
vale! / valete!	Leb wohl! / Lebt wohl!
vehementer *(Adv.)*	heftig
velle, volo, volui	wollen
Venus, Veneris *f.*	Venus, Liebesgöttin
verbum	Wort
verus, -a, -um	wahr, wahrhaftig
vester, vestra, vestrum	euer, eure
via	Weg
vilicus / vilica	Gutsverwalter(in)
villa (rustica)	Landgut
vincere, -o, vici	siegen, besiegen
vincire	fesseln
vinculum	Fessel
vir, -i *m.*	Mann
vires, virium *f. pl.*	Streitkräfte, Kräfte
vita	Leben
vitium	Fehler, Makel